정신이 아픈 그대들을 위해

아파도 괜찮아, 조금씩 문을 열어 봐

정신이 아픈 그대들을 위해
아파도 괜찮아, 조금씩 문을 열어 봐

초판 1쇄 발행 2024년 7월 12일

지은이 장민주
펴낸이 장길수
펴낸곳 지식과감성#
출판등록 제2012-000081호

교정 김나현
디자인 강샛별
편집 강샛별
검수 이주희, 이현
마케팅 김윤길, 정은혜

주소 서울시 금천구 벚꽃로298 대륭포스트타워6차 1212호
전화 070-4651-3730~4
팩스 070-4325-7006
이메일 ksbookup@naver.com
홈페이지 www.knsbookup.com

ISBN 979-11-392-1974-6(03810)
값 13,000원

- 이 책의 판권은 지은이에게 있습니다.
- 이 책 내용의 전부 또는 일부를 재사용하려면 반드시 지은이의 서면 동의를 받아야 합니다.
- 잘못된 책은 구입하신 곳에서 바꾸어 드립니다.

지식과감성#
홈페이지 바로가기

이 책은
여러분들이 힘들때 마다
조금씩 읽어 주세요.

아파도 괜찮아, 조금씩 문을 열어 봐

정신이 아픈 그대들을 위해

장민주 지음

프롤로그

　직장에서 일하다가 퇴사 후에 갑작스레 우울증이라는 병이 나에게 찾아왔다. 지금도 생생히 기억이 난다. 직장 내 따돌림을 당했고 그 스트레스로 병이 찾아온 것 같다. 직장 상사는 나에게 '야' 혹은 '너'라고 불렀다. 스스로 감정 조절이 안 될 때 나에게 화풀이를 하고 기분이 좋으면 나에게 친절을 베풀었다. 마치 내가 감정 장난감이 된 것 같았다.

　스트레스로 과호흡과 공황 발작이 왔다. 사장은 직원들을 신경 쓰지 않았고 그저 자신에게만 피해가 오지 않으면 그만이라는 듯 행동했다. 나를 제일 괴롭히던 말이 하나 있는데 '계속 걸레질만 하게 해 줄까?'라는 말이다. 그렇게 쓰레기 같던 회사를 퇴사한 후 공황 장애, 심각한 우울증이 찾아왔다. 견디다 못해 이러다 죽어 버릴까 봐 정신의학과에 가서 진료를 받기 시작했다. 동네 병원에서 나를 조현병으로 오진한 후 약이 잘못 처방이 나서 증상은 매우 심각해졌다. 그때는 나도 몰랐으니 조현병 치료 약을 몇 개월 먹다가 다른 규모가 조금 큰 입원 전문 정신의학과에 가게 되었다. 이 병원에서는 그동안 내가 약들을 이상하게 먹고 있었고 조현병이 아닌데 조현병을 치료하는 약을 먹고 있다고 했다. 그래서 약 정리가 필요하다는 소리를 듣고 매우 힘이 들었다. 이미 난 우울증에 심각하게 걸려 있었는데 말이다. 병원에서 입원을 권유받고 입원을 했다.

하루하루가 지나도 병원에 적응하지 못해서 결국 이틀 만에 퇴원을 요구했다.
그렇게 퇴원 후 나는 모든 감정들이 마비된 채 살 수밖에 없었다. '차라리 태어나지 말걸.' '그냥 죽었으면 좋겠다.' '사는 게 너무 버겁다.' 등등 부정적인 생각밖에 떠오르지 않았다. 이러다가 정말 내가 자살할 수도 있겠구나 하는 심정이 들었다. '나를 힘들게 한 그 사람들은 잘 살고 있을 텐데… 나만 이렇게 되는구나….' 하는 생각에 깊이 잠겨 있기도 했다. 그렇게 내 우울증은 깊어만 갔다. 도저히 못 버티겠어서 한 번 더 입원을 하게 되었다. 이번에는 잘 해야지 하면서도 입원 생활조차도 힘겨워 또 한 번 퇴원을 요구했다. 입·퇴원을 총 6번 반복하면서 내 병은 심각해져만 갔다.

5번째 입원은 내가 스스로 목숨을 끊으려고 락스를 먹어서 하게 되었다. 참 우습게도 내가 119에 신고하고 다시 입원을 한 것이다. 정말 죽으려 했는데 또 아닌 것 같고…. 어쨌든 난 락스로 상한 식도와 위만 괜찮아지면 나갈 거라고 했다. 주치의 선생님은 알겠다고 하며 나으려고 하지 않는 환자를 자기도 힘써서 치료하고 싶지 않다고 몸만 괜찮아지면 퇴원을 하라고 하셨다. 마지막 6번째 입원은 달랐다. 나으려는 강한 의지가 아닌 병원에라도 의지하려는 심정으로 입원을 했다. 한 달 동안 병원에 어느 정도 적응한 채로 입원 후 퇴원을 했는데 퇴원 후 죽고 싶다는 생각 때문에 차라리 대학 병원에 가서 치료받기로 한 후 대학 병원에서 입원을 선택하게 되었다. 대학 병원에 입원 대기 중 나는 자해를 심하게 했고 깊은 우울의 늪에 완전히 빠져 있었다.

그때 온통 하얀색으로 칠한 방 안에 있는 것 같았던 내가 서서히 빠져나올 작디작은 문을 발견하기 시작했다.

이것은 그 문을 열게 된 이야기다.

목차

프롤로그 _4

입원 일지

병의 시작	_16
첫 번째 입원	_20
두 번째 입원	_22
다섯 번째 입원	_23
여섯 번째 입원	_26
대학 병원 입원	_30
퇴원 후 생활	_33

일기

2023년 11월 19일 (일)	_38
2023년 11월 20일 (월)	_39
2023년 11월 21일 (화)	_40
2023년 11월 22일 (수)	_41
2023년 11월 23일 (목)	_42
2023년 11월 24일 (금)	_43
2023년 11월 25일 (토)	_44
2023년 11월 26일 (일)	_45
2023년 11월 27일 (월)	_46
2023년 11월 28일 (화)	_47
2023년 11월 29일 (수)	_48
2023년 11월 30일 (목)	_49
2023년 12월 15일 (금)	_50

 **에필로그**

작가의 엄마 인터뷰	_52
작가와 작가 엄마의 편지	_58

작가의 엄마가 전하는
우울증 환자를 돌보고 있는 보호자들에게

작가 엄마가 전하는
마음이 흔들리는 우울증 환자 보호자에게

작가 한마디	_62

입원 일지

병의 시작

 나는 동물과 대학생이었다. 조기 취업으로 대학교 2학년 1학기 때 직장에 취업하게 되었다. 취업 후 초기엔 괜찮았지만 시간이 지날수록 애견 미용사와 간호사 쌤 두 명이서 편을 먹고 나를 따돌렸고 괴롭히기 시작했다. 너무 괴로웠다. 스트레스가 만병의 원인이라는 말이 사실이었다.

 언제는 갑자기 몸에 열이 나기 시작하면서 숨쉬기가 너무 힘들었다. 그러면서 갑자기 몸에 힘이 풀리더니 기절하고 말았다. 119에 실려 가 각종 검사를 했다. 심전도 검사부터 뇌 MRI, 뇌파 검사까지 찍어 봤지만 아무 이상이 없었다. 다른 날은 대학 병원 응급실에서 진료 받았었는데 몸에 아무 이상이 없으니 정신과로 가 보라고 했다.

 그 후 동네 정신건강의학과에 갔다. 사람이 엄청

많았다. 많은 사람들이 심적인 고통을 받고 있다는 생각이 들었다. 접수를 하고 나니 몇 가지 질문과 체크하는 종이를 내게 주었다. 나의 생각과 상태를 적고 나서 진료를 받았다. 처음에 갔을 때에는 공황 장애, 불안 장애로 진단을 받았다. 약을 타 와서 먹으니 정신이 가라앉았고 불안함이 줄어들었지만 우울한 감정이 불쑥 찾아왔다.

  다음 진료 예약일에 가서 우울하다고 하니 그에 대한 약을 처방받았다. 하지만 별 효과가 없었다. 평소보다 두세 시간 일찍 일어나 매일 아침 울었다. 또 망상이 시작되었다. 우울증이 심하면 망상 증세가 일어날 수 있는데 진료받았던 동네 병원에서는 내 말을 들으니 조현병 초기 증세라고 진단했다. 받아들일 수 없었다. 내가 조현병이라니…. 조현병이라고 하면 범죄와 연결되어 있다고 생각했다.
  '조현병은 평생 약을 먹어야 된다던데 난 이제 어떻게 될까….'

나는 증세를 심각하게 받아들였다. 그 후 조현병 약을 처방받았는데 더욱 심각해져 갔다. 다시 병원에 가니 큰 병원에 가 보라고 했다. 근처 대학 병원에 가니 초진은 3개월 후에 된다고 하였다. 3개월이라는 시간 동안 나는 정신이 죽어 있었다. 멍해지고 우울해지고 심지어 밖에 나갈 수 없을 정도로 상태가 심각했다.

3개월이 지나고 대학 병원에 가서 진료를 받을 수 있었다. 의사가 말했다.

"약이 매우 이상합니다. 약을 모두 바꿔야 됩니다."

그 말을 듣고 심장이 쿵 하고 떨어지는 것 같았다. 내가 지금까지 진료받았던 것이 다 오진이었단 말인가…? 약도 다 잘못된 약을 먹은 걸까? 많은 생각을 했다. 대학 병원에서 초진을 받을 때 입원을 하고 싶다고 했다. 교수님은 대학 병원에는 지금 자리가 없어서 안 된다며 다른 병원을 소개해 주었다. 교수님 후배로 의사 지정까지 해 주었다. 그 병원으로 갔다.

병원 원무과에서 지정해 준 의사 쌤을 말한 후 접수하고 초진을 받았다. 여기서도 약이 매우 이상하다고 했다. 진료를 받을 때 입원하고 싶다 하니 당일도 바로 가능하다고 했다. 약을 받고 다음 날 입원하겠다고 말한 뒤 집에 돌아왔다. 입원 짐을 싸면서 생각했다.

'올 데까지 왔구나…. 내가 정신과에 입원한다니….'

그렇게 하루가 가고 정신과 병원에 입원할 날이 왔다. 엄마와 나는 고모 차를 타고 병원에 가게 되었고 입원 절차를 밟았다.

첫 번째 입원

그렇게 정신병동에 입원하게 되었다. 엄마와 고모는 입원실 안에 있는 날 보고 엄청 우셨다. 나는 병실을 지정받은 후 짐 검사가 끝나고 병실 사물함에 내 짐을 놔두었다. 같은 병실에 있는 사람들과 다른 병실에 있는 사람들까지 그들의 시선이 나에게 향했다. 나이는 몇 살인지, 이름은 뭔지, 무슨 병이 있는지까지 물었다. 너무 부담스럽고 싫었다. 다른 환자들의 말에 일절 대답하지 않았다. 나는 정신병동에 입원할 만큼 심하지는 않다고 생각했지만 약을 맞추기 위해선 입원을 할 수밖에 없다는 생각 때문이었다.

하지만 입원 생활을 버틸 수 없었다. 입원 당일 날 저녁에 엄마에게 전화로 퇴원을 시켜 달라고 큰소리를 쳤다. 엄마는 약만 맞추고 오라고 나를 달랬지만 결국 병원에서 두 밤을 보내고 퇴원했다. 밖에 나가지도 못하고 병원 안에만 있는 게 너무 답답했다. 그리고 정신병동에 입원했다는 것조차 싫었다. 퇴원을 하고 나서 조금은 답답함이 사라질 거라고 생각했다. 하지만 그렇지 않았다. 자살 충동이 끊임없이 들었다. 정말 미쳐 버릴 것 같았다. 모든 게 마비된 느낌이었고 끝난 느낌이었다. 살기가 싫었다. 아무것도 하기 싫었다. 나의 우울증은 점점 심해졌다. 이러다 정말 내가 죽어 버릴 수도 있겠구나 하는 심정에 부모님께 다시 입원을 하겠다고 했다.

두 번째 입원

처음 퇴원한 지 일주일도 안 되어서 다시 입원을 하게 되었다. 이번에는 꼭 약을 맞추고 나오리라 다짐했다. 병원에 적응하려 애썼다. 정말 이번에는 처음과 다른 마음가짐을 하리라 다짐했던 나는 결국 다시 퇴원을 요구했다. 이후 두 차례 더 입원했다. 하지만 세 번째 입원과 네 번째 입원도 두 번째 입원과 다르지 않았다.

다섯 번째 입원

내가 락스를 먹은 때였다. 난 입원도 못 버티고 몇 번이나 퇴원했으니 내 병은 절대 끝날 수가 없구나 하고 생각했다. 화장실에 들어가 한참 거울을 보다가 충동적으로 그런 생각이 들었다.

'죽어야 끝나는구나.'

뒤쪽 베란다에 놓인 락스를 한 컵 마셨다. '이제 내 몸은 어떻게 되는 거지.' 생각했다. 죽으려 마음먹고 락스를 마신 나는 웃기게도 스스로 119에 신고했다. 엄마에게 말했다.

"나 락스 먹었어. 너무 죽고 싶은데 무서워서 119에 신고했어."

내 말을 들은 엄마는 잔뜩 화가 나서 소리치셨다.

"너 혼자 병원 갔다 와!"

나는 펑펑 울면서 병원에 같이 가 줬으면 좋겠다고 애원했다. 그때 119에서 전화가 왔다. 가까운 119가 다른 곳에 출동을 해서 멀리서 온다고 말이다. 119

대원에게 택시를 타고 가겠다고 말한 뒤 엄마와 근처 대학 병원 응급실로 갔다. 앞에 한 사람이 있어서 대기를 해야 했다. 엄마가 접수하는 간호사에게 딸이 죽으려 락스를 마신 상태라고 말했다. 간호사는 바닥에 있는 응급이라고 적혀 있는 선으로 따라가라고 했다. 진료 상담을 하니 더 큰 병원으로 가라고 했다. 결국 사설 구급차를 타고 3차 병원으로 갔다. 3차 병원 응급실에 가니 간단한 피 검사와 소변 검사를 한 후에 위내시경을 받았다.

  하루가 지난 뒤 위가 많이 부식되었다며 중환자실로 옮겨졌다. 부식된 위 때문에 금식 처방을 받았다. 의사가 하루 더 지켜보자고 했다. 하루 뒤 내가 원래 다녔던 다섯 번이나 입·퇴원한 병원으로 이송되었다. 다신 오고 싶지 않은 곳이었다. 내 담당 주치의 쌤이 락스를 왜 먹었냐고 질문했다. 나는 죽으려고 먹었다고 대답한 뒤 말했다.
  "위만 괜찮아지면 바로 퇴원할게요."

그러자 의사 쌤은 그러라고 했다. 자신도 치료에 적극적으로 임하지 않는 환자는 힘써 치료할 생각이 없다고 대답하셨다. 그렇게 다섯 번째 입원을 하게 되었다. 또다시 입원을 하다니 너무 지긋지긋했다. 망가진 위 때문에 일반식은 먹지 못했고 미음만 먹었다. 하루하루가 지날수록 밥알이 보이기 시작했고 점점 꾸덕꾸덕해졌다. 5일이 지나자 일반식을 먹을 수 있었다. 딱 일주일이 되는 날에 퇴원을 했다.

여섯 번째 입원

 퇴원을 하면 마음이 편할 거라고 생각했다. 그만큼 집이 그리웠기 때문이다. 정신병동에 입원을 하면 마치 새장 안에 갇힌 기분이 들었다. 다섯 번째 퇴원을 하고 나서 이제 괜찮아지겠지 하는 생각이 들었지만 그렇지 않았다.

 입·퇴원을 자꾸만 반복하니 내 병이 점점 심해지는 것 같다는 생각이 들었다. 이번엔 달랐다. 부모님께 강제 입원을 시켜 달라고 부탁했다. 강제 입원을 하게 되면 부모님이 퇴원을 허락할 때까지 입원해야 한다. 자의 입원을 하게 되면 얼마 지나지 않아 또 퇴원을 하게 될 것 같았다. 이번에는 정말 다르리라! 다짐을 했다. 정말 달랐다. 마음을 굳게 먹으니 빨리 치료받아서 낫고 싶다는 생각이 들었다.

 하지만 일주일이 지나자 다시 퇴원을 하고 싶어졌

다. 아빠에게 전화해서 제발 퇴원시켜 달라며 애원했다. 부모님은 조금만 더 참아 보자며 날 다독였다. 그때 엄마가 나에게 해 준 말이 있었다.

"너 자신을 이겨 봐! 나약하지 않잖아!"

이 말에 다시 마음을 잡을 수 있었다. 그렇게 수많은 우여곡절을 겪고 나니 입원한 지 한 달이 지나게 되었다. 주치의 쌤이 이제 퇴원해도 문제없다며 내가 우울증이 심한 편이 아니라고 하셨다. 그렇게 퇴원을 하게 되면서 한 달 만에 집에 가게 되었다.

이게 입원 전문 병원의 마지막 퇴원이었다.

그렇게 집으로 돌아간 나는 평안할 줄 알았다. 내 병은 아직 끝이 난 게 아니었다. 잠시 숨어 있었을 뿐…. 초라했다. 대체 몇 번을 입원해야 내 병이 끝나는지, 한 달 동안 힘들게 입원한 게 연기처럼 사라지는 듯했다. 그렇다. 아직 나는 우울증, 불안 장애 환자였다.

매일을 울었다. 그리고 나 스스로를 해치는 행위를 했다. 살아 있는 자체가 버겁고 힘들어서 차라리 나를 죽여 달라고 기도했다. 매일 아침 눈을 뜨는 게 너무 힘들었다. 자꾸만 불안하고 죽고 싶다는 생각에 사로잡혀 살았다. 정말 미칠 것 같았다. 펜과 종이를 들고 방에 들어가 유서를 쓰고 아무도 없는 집 안에서 뛰어내리려고 했다. 바보같이 겁은 많아서 죽지도 못했다. 그냥 차라리 나 자체가 사라졌으면 하는 생각이 들었다.

그렇게 난 또 내 몸을 해쳤고 스스로 해쳐서 생긴 흉터는 날 괴롭게 했다. 어떡해야 할까…? 많이 고민했다. 그렇게 몇 날 며칠을 고민했다. 더 이상 이렇게 살 수는 없다고 생각했다. 그래서 대학 병원에 가 보기로 하고 근처 대학 병원에 예약을 잡았다.

예약을 하려고 하니 약 2주가 걸렸다. '그동안 어떻게 참고 살아가야 하지?'라는 생각에 사로잡혔다.

또 한 가지 생각은 대학 병원에 진료를 받아도 내

병이 나아지지 않으면 어떡해야 하나 하는 것이었다. 결국 지푸라기라도 잡는 심정으로 진료를 받을 날이 오기를 기다렸다. 기다리는 그 사이 동안 마음이 너무 힘들었다. 또 입원하라고 하면 어쩌지? 내 병이 끝나지 않으면 어쩌지? 이런저런 생각들이 나를 짓눌렀다. 하루하루를 힘겹게 지내다가 드디어 대학 병원에서 진료받는 날이 오게 되었다.

대학 병원에서의 진료가 시작되었는데 내 왼쪽 팔에 있는 흉터들을 보더니 교수님께서 입원을 권장하셨다. 흉터도 흉터지만 대학 병원 가기 전날에도 내 몸을 해쳐서 팔에 붕대를 감고 갔다. 엄마는 내가 오늘 당장 입원하기를 원했다. 나도 집에 다시 가면 어떤 일이 일어날지 장담을 못 해서 당일 응급 입원 절차를 밟았다.

대학 병원 입원

 첫 대학 병원 입원을 하게 되었다. 대학 병원 정신병동 규칙은 깐깐했고 세부적이었다. 샤워 시간이 정해져 있고 샤워할 때 사고를 대비해 2명이 짝지어서 해야 했다. 또한 간식 시간도 정해져 있었으며 밥을 반 이상 먹지 않으면 간식을 받지 못했다. 개인 병원과는 많이 달랐다. 엄격했다. 여기서 생활을 잘할 수 있을까 생각했다. 공중 전화기가 있었는데 이걸로 가족한테 전화를 할 수 있었다.

 아직 대학 병원에서는 강제 입원 처리가 되어 있지 않았기 때문에 주치의 선생님께 퇴원하겠다고 말했다. 주치의 선생님은 아직은 퇴원할 수 없다며 부모님께 전화드려서 강제 입원 절차를 밟겠다고 말씀하셨다. 그 말을 듣고 화가 나서 주치의 선생님을 발로 찼다. 그 결과 나는 1인실에 팔다리가 묶인 채로 감금되었다. 2시간 동안 감금되었고 감금 1시간이 지날 때마다 간호사 선생님이 혈압을 재러 오셨다. 감금이 풀리고 조금 진정된 나는 병실에 들어가 가만히 누워 있었다. 개인 정신과 병동에서는 휴대폰이 가능했지만 대학 병원에서는 휴대폰이 금지였기 때문에 처음에는 지루하고 따분했다. 대학 병원은 개인 병원과 다르게 프로그램이 오전, 오후 2개나 있었고 다양했다. 서예, 종이접기, 티타임, 산책, 그림 그리기, 노래방, 닌텐도 등등 많은 것이 있었다. 환자들과 조금씩 친해지면서 프로그램을 즐기기 시작했다. 프로그램을 하면 1등 뽑기를 꼭 했었는데 한 번은 서예에서 1등을 해서 기분이 좋았던 적이 있었다. 1등이 되면 소감 발표와 질문을 받았다. 이것도 나름 재미있었다. 내가 입원했던 대학 병원 정신병동은 주치의 선생님과 30분 넘게 상담을 진행했고 교수님과 주치의 선생님 상의 끝에 약 처방이 신중하게 내려진다.

처음에 처방받은 약은 약효가 세서 말이 어눌해졌

고 다리에 힘이 풀렸다. 간호사 선생님께서 내 상태를 의사에게 보고했는지 약 용량이 줄어들어서 낮에 잠이 쏟아지지는 않았다. 점점 약이 몸에 맞아 갔다. 입원 생활도 성실히 하기 시작했다. 주치의 선생님께 이때쯤 퇴원을 하고 싶다고 말하자 의사 선생님도 그쯤 퇴원을 생각하고 있다며 허락하셨다. 그렇게 입원 생활을 성실히 잘 끝내고 대학 병원에서 퇴원했다.

퇴원 후 생활

대학 병원 입원 생활을 끝내고 집으로 돌아왔다. 과연 어땠을까? 개인 입원 전문 정신병원에서 여섯 번을 입·퇴원해도 안 됐던 내가 과연 어떻게 됐을까? 그렇다. 여전히 환자였다. 환자…. 우울증 환자…. 하지만 달랐다. 무엇이? 나의 마음가짐이 달랐다. 나을 수 있을 거란 정말 아주 조그마한 희망. 아니 생각. 그 빛이 나를 끌고 갔다. 어둠 속에 갇혀 있으면 조그마한 빛이라도 급히 따라가듯이 말이다.

대학 병원 교수님께서 속에 담지 말고 이야기를 해 보면 많이 나아질 거라고 하셨다. 부모님과 이야기를 하든, 상담사와 이야기를 하든 말이다. 하지만 사람에게 꺼내기엔 부담스러운 이야기가 분명히 있을 것이다. 그때 엄마가 추천해 준 것이 고민인형이었다. 엄마가 고민인형을 예쁘게 그려 주었고 난 그 위에 색칠을 했다. 정말 귀여웠다. 하루에 몇 번씩이

나 고민인형을 찾았다. 그리고 이야기했다.

"고민인형아, 오늘 내 고민은 말이야…."

여러분, 여기까지가 제 입·퇴원 생활이에요. 이제부터 여러분들에게 제가 병원에서 쓴 일기, 엄마와의 인터뷰, 작가의 엄마 한마디, 작가 한마디, 이렇게 전해 보려고 해요. 우리 같이 이겨 내요!

일기

2023년 11월 19일 (일)

개인 입원 전문 병원에서….

밖에 나가면 날 받아 줄 사람이 없다. 나 자체를 이해해 줄 사람이 없다. 집에 가만히 있으면 부모님이 운동, 도서관 등 나에게 하라는 것들이 잔뜩 많다. 너무 부담스럽고 힘이 든다. 혼자 밥 챙겨 먹는 것도 너무 힘이 든다. 어떻게 보면 노력하기가 싫은 것 같다. 우울증, 무기력함을 이겨 낼 힘이 없다. 그냥 죽고 싶다.

2023년 11월 20일 (월)

　자신감이 없고 용기가 없다. 누군가에게 사랑받는 순간에 내가 살아 있음을 느끼는데 지금은 사랑받을 모습이 아니다. 도움을 받고 싶은 건지 잘 모르겠다. 이런 내가 혼자 서 있을 수 있는 힘과 용기를 얻을 수 있을까?

2023년 11월 21일 (화)

 오늘은 평소보다 많이 무기력하고 입맛도 없고 힘이 없다. 하루를 맞이하기 싫어서 잠만 자게 되고 계속 늦게 일어나게 된다. 정말 밥 한 숟가락 뜰 힘도 없다. 어떡하지. 정말 어떡하지…?

2023년 11월 22일 (수)

 삶에 큰 의미를 느끼지 못하겠다. 오늘도 무기력하고 힘들다. 힘이 나질 않는다. 어딘가에 갇혀 있는 것 같아…. 아무나 도와줘. 잠에 들기도 어렵고 중간중간에 자꾸 깨서 너무 힘들어….

2023년 11월 23일 (목)

 퇴원하고 싶다…. 병원이 너무 답답하다. 어떡하지. 밥도 맛이 없고 힘도 나질 않고 일어날 힘조차 없어. 죽고 싶다. 스스로 죽음을 택한다는 게 나쁜 것도 아니란 생각이 드는데…. 잘 모르겠네….

2023년 11월 24일 (금)

  오늘은 너무 불안해서 미칠 것 같았다. 정신이 돌아 버리는 줄 알았다. 요즘 밥도 잘 먹지 않고 잠도 잘 못 자서 살이 많이 빠졌다…. 먹은 것이 없어서 일어서면 현기증이 돈다. 이렇게 살아가는 게 맞는 걸까?

2023년 11월 25일 (토)

 단단하고 씩씩한 마음을 가지라고 주치의 선생님이 조언해 주셨다. 잘 모르겠다. 지금 이 상황에서 그 마음가짐을 가졌으면 벌써 나아졌겠지…. 선생님 바보….

2023년 11월 26일 (일)

   오늘은 마음이 조금 괜찮은 느낌이다. 그렇다고 힘들지 않은 것은 아니다. 음…. 마치 숨통이 조금이라도 열린 것 같은 느낌이라 할까…? 오늘은 일요일이라서 주치의 선생님이 회진을 돌지 않는데…. 오늘은 누구에게 조언을 구할까…?

🌑 2023년 11월 27일 (월)

  오늘은 병원에서 퇴원시켜 달라고 난리를 쳤다. 아주 개판을 쳤다…. 보호사님들이 와서 나를 붙잡았다. 보호실로 격리된 후 안정제를 강제로 맞았다. 다음부턴 난리 치지 말아야지….

2023년 11월 28일 (화)

   오늘 부모님과 면회시켜 달라고 주치의 선생님한테 부탁했다. 선생님이 허락해 주셔서 이번 주 일요일에 면회를 한다. 마음이 많이 떨린다. 며칠 만에 이 병동을 나가 보는 건지…. 부모님도 너무너무 보고 싶다. 빨리 면회 날짜가 오면 좋겠다.

2023년 11월 29일 (수)

   더 강해지고 싶다는 생각이 들었다. 조금은 의욕이 생긴 것 같아 기분이 좋았다. 주치의 선생님이 처음으로 웃는 모습으로 나를 마주했다. 빨리 낫고 싶다는 생각을 했다. 내일 밥이 오면 많이 먹고 낮잠도 자 봐야지. 오늘 하루 끝!

2023년 11월 30일 (목)

  오늘 학생 간호사와 대화했다. 그리고 오늘 심리 상담 선생님과도 상담을 했다. 얘기를 하니까 속이 후련해졌다. 지금까지 마음이 많이 경직되어 있었는데 조금씩 풀리는 것 같다. 한 가지 문제는 악몽을 자주 꾸는 것이다.

2023년 12월 15일 (금)

　오랜만에 다시 일기를 쓴다. 나 자신을 스스로 가두고 있는 것 같다. 노력하기가 힘들고 의지로 부딪히는 게 힘들다. 나 자신을 이기는 것이 너무나도 힘들다…. 내 의지로 해내는 게 버겁기만 해…. 벗어나고 싶다. 이제 일기는 그만 써야겠다.

에필로그

작가의 엄마 인터뷰

나(작가) "엄마! 내가 처음 정신과 병원에 갔다 온 걸 알았을 때 어땠어?"

엄마 "처음에는 큰 병이 아닌 줄 알고 크게 생각을 안 했지."

나(작가) "엄마, 내가 우울증 진단을 받았을 때 어땠어?"

엄마 "별거 아니겠지, 약 먹고 치료하면 낫겠지 하며 안일하게 생각했지."

나(작가) "엄마, 내가 처음 병원에 입원했을 때 어땠어?"

엄마 "정신과 병원은 처음이라서 간호사가 문을 닫아 버렸을 때 놀라서 울었어. 이런 병원을 한 번도 안 가 봐서 말이야."

나(작가) "엄마, 내가 첫 자해를 시작했을 때 어땠어?"

엄마 "내 딸이 미친 건가? 도대체 무슨 생각으로 저럴까. 분명 약도 괜찮다고 생각했는데. 너무 놀랐어. 내가 심하게 혼을 내면 자해를 더 이상 안 하지 않을까 생각했어."

나(작가) "심하게 자해를 하고, 여러 번 자해를 했을 때는 어땠어?"

엄마 "맨 처음에 가위로 자해했을 때 많이 놀랐어. 정말 많이 충격 받았어. 이제 이게 보통 일이 아니구나 싶었어. 커터 칼로 자해했을 때에는 정말 귀신이 들어온 건가…. 점집을 한 번도 가 볼 생각을 해 보지 않았는데 점집을 가야 하나 생각을 했어. 내 딸이 마치 다른 사람이 된 것 같았어."

나(작가) "내가 만약 스스로 세상을 떠났다면 어떨 것 같아?"

엄마 "차라리 죽는 게 나을까. 죽으면 딸도 편하고 나도 편할 수도 있을 텐데. 아무 감정이 들지 않을 것 같아. 엄청나게 슬픈 것이 아니라 놀랄 것 같아. 하지만 누워 있는 딸을 보면 힘들 것 같아. 이렇게 힘들게 있으니 편하게 갔으려나 생각을 했겠지. 그리고 누워 있는 딸을 보며 말하겠지. '이제는 편해? 거기선 자해도 안 하고 편해?'라고."

나(작가) "엄마, 만약 내 장례식을 치른다면 어떨 것 같아?"

엄마 "내 딸의 부고를 알리지 않을 것 같아. 어떻게든 알아서 오는 건 몰라도 내 입으로 내 딸의 부고를 알리지는 않을 것 같아. 만약 장례식을 치른다면 장례식장 안에 있지 않을 것 같아. 먼저 간 딸이 너무 미워서 장례식에 안 가거나 보호자 대기실에서 나오지 않을 것 같아."

나(작가) "만약 엄마가 타임머신을 타고 과거로 돌아간다면 과거의 엄마에게 말해 주고 싶은 게 있어?"

엄마 "지금은 무슨 소리를 해도 안 들리겠지. 내가 뭘 해도 이게 맞는 건지 생각이 들 거야. 병원도 믿어야 하는지 판단도 안 설 거야. 입원 전문 개인 병원에 갔을 때 약이 맞지 않아서 입원과 퇴원을 반복하면서 약도 수시로 바꿔 갔지. 그러면서 치료를 했으나 나아질 기미가 보이지 않았어. 이번이 마지막이라고 생각해서 들어간 게 한 달 동안 입원 전문 개인 병원에 입원했을 때였어. 그때는 정말 나을 수 있을 거라 생각하고 보냈는데 병원에 있을 때는 원래의 딸 목소리와 눈빛을 볼 수 있었는데 퇴원을 한 날부터 더 심해져서 내 딸을 이해할 수 없었어. 이상하게도 집에 오기만 하면 이상해졌어. 맞는 병원을 찾아가서 치료를 받는 게 나아. 혼자 이게 맞는 건가 생각만 하지 말고 맞는 병원을 찾는 게 빠른 판단이었어. 누구의 말도 듣지 않고 내 판단을 믿고 병원을 찾는 게 맞는 것 같아. 지금은 많이 힘들 거야. 누구의 말도 들리지 않을 거야. 왜냐하면 겪어 보지 않은 사람은 모르는 거니까. 그리고 내가 아니라 자식이 아프니까 더 고통스러울 거야. 왜냐하면 내가 해 줄 수 있는 게 없으니까. 그렇지만 조금만 힘을 내. 그러면 조그마한 빛이 보일 거야. 너의 생각을 믿어 봐. 그러니 조그마한 빛을 보이는 그곳을 따라가 봐. 그러면 모든 게 다 좋아질 거야."

작가와 작가 엄마의 편지

작가의 엄마가 전하는
우울증 환자를 돌보고 있는 보호자들에게

"힘내는 것과 용기 내는 것 다 지칠 거예요. 그 어떤 말도 귀에 들어오지 않죠. 내 자식은 내가 더 잘 안다고 해도 과언이 아닐 거예요. 아마 물속에 빠져서 허우적대는 기분일 거예요. 아무도 구해 주지 않는 사막에 혼자 덩그러니 있다고 생각해야 할까요? 어떻게 표현해야 할지 모르겠네요. 바다 한가운데에 우리 아이가 빠져 있는데 저 아이를 구해야 하는데 어떡해야 구할 수 있는지 발을 동동 구르고 있는 상황이라고 해야 할까요? 손도 뻗을 수 없고 어떻게 건져 내야 하는지 미칠 지경이죠…. 점점 가라앉고 있는데 말이죠. 그 생각이 들 수 있죠. 하지만 꼭 나을 수 있을 거란 조그만 손톱만큼의 희망이라고 해야 할까요? 그래서 수영을 못하는 내가 건지러 가는 게 맞는 건지 생각했어요. 어떻게든 건져 내야 하니까요. 그래서 바다로

뛰어들어서 점점 가라앉는 우리 아이 손을 잡고 끌어 올리는데 참 많은 일들이 발생해요. 하지만 그 속에서 살려 달라고 허우적대는 아이의 음성을 놓치지 말아 주세요. 그래요. 다시 한번 용기를 내 봅시다. 해 보는 거예요. 우리 같이 해 봐요. 다시 한번 해 봐요."

작가 엄마가 전하는
마음이 흔들리는 우울증 환자 보호자에게

 "맞아요…. 이건 누가 뭐라 설명할 수 없을 만큼 큰 고통일 거예요. 무엇과도 바꿀 수 없는 큰 고통일 거예요. 누가 어떤 좋은 조언을 해 줘도 당신의 귀에 들리지 않을 거예요. 시간이 흐르면 흐를수록 점점 더 심해질 수 있고 나아질 기미가 보이지 않을 수도 있을 거예요. 좋아졌다고 생각하다가도 다시 원점으로 돌아가는 상황이 올 수도 있어요. 그럴 땐 조금만 자신을 믿어 봐요. 그럴 땐 부모가 흔들리지 않고 중심을 잘 잡고 있어야 아이도 그 끈을 놓고 싶다가도 한 줄기 빛을 보고 그 끈을 붙잡고 싶을 수도 있으니까요."

작가 한마디

"여러분 안녕하세요, 『정신이 아픈 그대들을 위해』 책을 쓴 작가 장민주입니다. 이 책을 쓰고 있는 지금도 저는 정신과 환자입니다. 심한 우울증을 앓거나 심한 정신병을 앓는 사람들은 책을 볼 겨를도 없으니 보호자들이 이해할 수 있도록 보호자들에게 더 맞추어 썼지만 현재 우울증 환자들을 위해 쓰지 않은 것은 아닙니다. 오히려 책을 읽을 여유가 있는 환자들에게는 제 투병 일지가 와닿을 수도 있고 공감이 될 수도 있다고 생각합니다. 자신을 못 믿는 상황에서 병원을 믿어야 하고 자신을 못 믿는 상황에서 의사를 믿어야 하니까요. 판단이 잘 서지 않는 상황에서 어떤 것이 구별이 가능할까요? 저도 참 많이 공감이 됩니다. 어떤 분들은 우울증을 앓고 있는데 그 속에서 아직 맞는 약을 찾지 못해 병원 이곳저곳을 방문하며 힘들어하고 있습니다. 여러분들이 참 많이 안타깝고 공감됩니다. 저도 그랬으니까요. 보호자 또는 환자 여러분, 많이 힘드시죠? 정말 가슴이 많이 아프죠…? 그 누구에게도 공감받지 못할 상처를 안고 계시죠? 제가 조금이나마 제 이야기를 했던 상대는 바로 '고민인형'이었어요. 조그마한 인형을 사거나 아니면 종이에 그려도 되지요. 그 인형에게 제 고민을 쏟아 내는 거예요. 말을 하는 겁니다. 이 방법과 상담 치료, 약 절대 빼먹지 않기, 책 읽기 등등 많은 방법으로 우울증과 멀어지려 노력했어요. '우울증이라는 병을 지금 당장 떼어 버리겠다!'라는 마음이 아니라 조금씩 조금씩 멀어진다는 쪽으로 생각을 전환해 버리는 거였죠. 이 책은 여러분들이 힘들 때마다 조금씩 읽어 주세요. 도움이 되었으면 좋겠습니다. 감사합니다."